LIGUE DE DÉFENSE CONTRE LES CHEMINS DE FER

Fondée par L. LAMY ☉, Directeur

DIRECTEUR DU « BULLETIN DES TRANSPORTS »

SIÈGE : 8, rue Jacquemont, 8, — PARIS

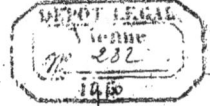

PROTESTATION

contre la

Circulaire du Ministre des Travaux Publics

du 2 Avril 1910

RELATIVE A LA

PROPOSITION DE LOI

Ayant pour objet de modifier l'article 103 du Code de Commerce
concernant la responsabilité des transporteurs

PRÉSENTÉE AU SÉNAT

Par M. Dominique DELAHAYE

le 30 Novembre 1909

PARIS, 20 AVRIL 1910

PROPOSITION DE LOI DE M. D. DELAHAYE

Le texte proposé le 3o novembre 1909 par M. le sénateur Dominique Delahaye pour remplacer l'article 103 actuel du Code de commerce est le suivant :

Art. 103. — Le voiturier est tenu d'employer ou de fournir pour le transport un matériel approprié à la nature des objets et qui soit susceptible d'assurer leur arrivée à destination en bon état de conservation.

Il est garant de la perte des objets à transporter, hors les cas de la force majeure, et des avaries autres que celles qui proviennent de la force majeure ou du vice propre des objets transportés eux-mêmes.

Il est réputé avoir reçu ces objets en bon état et bien conditionnés à moins qu'il n'ait fait des réserves au moment de leur réception et que ces réserves aient été acceptées par l'expéditeur. En cas de contestation à ce sujet, il sera procédé pour la vérification desdits objets conformément aux prescriptions du premier alinéa de l'article 106 du Code de Commerce.

Toute disposition ou clause contraire, par ses termes ou par ses effets, à celles qui précèdent, insérée dans toute lettre de voiture, tarif ou autre pièce quelconque, est nulle

---

LES APPROBATIONS

Parmi les Chambres de commerce qui ont émis des vœux en faveur des modifications proposées pour l'art. 103, on peut citer celles ci-après :

ABBEVILLE, AGEN, ALENÇON, AMBERT, AMIENS, ANGERS, ANGOULÊME, ANNECY, ARRAS, AUBENAS, BAR-LE-DUC, BAYONNE, BEAUVAIS, BESANÇON, BÉZIERS, BOURGES, BORDEAUX, BOUGIE, BREST, CAHORS, CARCASSONNE, CASTRES, CETTE, CHARTRES, CHATEAUROUX, CHERBOURG, CHOLET, COGNAC, CONSTANTINE, DIEPPE, EVREUX, FOIX, GRANVILLE, GRAY, HONFLEUR, LA ROCHE-SUR-YON, LAVAL, LE HAVRE, LE MANS, LE PUY, LILLE, LORIENT, MARSEILLE, MAZAMET, MENDE, MONTAUBAN, MONTLUÇON, MOULINS, NARBONNE, NICE, NIMES, ORAN, ORLÉANS, PÉRIGUEUX, PERPIGNAN, QUIMPER, RENNES, ROUEN, ST-BRIEUC, ST-ÉTIENNE, St-MALO, St-NAZAIRE, St-OMER, SAUMUR, TARBES, THIERS, TOULOUSE, TOURS, TULLE, VERSAILLES et VIENNE.

AUTRE PROPOSITION DE LOI

Le 3o décembre 1909, M. le Député Paul Pignon a déposé à la Chambre une autre proposition de loi exactement semblable à celle ci-dessus, à l'exception du 3e alinéa qui est ainsi conçu :

« Par le fait de leur acceptation sans réserve, il est réputé avoir reçu ces objets en bon état et bien conditionnés. »

AVIS

AUX CORPS COMMERCIAUX
ET INDUSTRIELS

AUX CORPS COMMERCIAUX
ET INDUSTRIELS

Pour bien comprendre le but de certaines « manœuvres » dont nous parlerons plus loin, il faut se rappeler que, par dépêche du 17 octobre 1902, le ministre des Travaux publics avait invité les Compagnies à lui soumettre, « *en s'inspirant des usages du commerce* », des propositions en vue de dresser un tableau sur lequel seraient indiquées les marchandises dont le transport pourrait s'effectuer en wagon découvert.

Les Compagnies répondirent à cette invitation par ce que nous avons justement appelé, dans le *Bulletin des Transports* du 1ᵉʳ avril 1903, des...

PROPOSITIONS MALHONNÊTES

Les tableaux qu'elles présentèrent les 14 février et 10 mars 1903 comportaient, comme pouvant « être transportées à découvert », 320 sortes de marchandises, et, ainsi que l'a fait remarquer le rapporteur de la commission spéciale du Comité consultatif chargée de l'examen de cette proposition, M. Tisserand, ce nombre était en réalité considérablement dépassé, puisque plusieurs des marchandises désignées comprenaient des groupes d'articles. (Rapport n° 18255, du 25 juin 1906, p. 8.)

Nous critiquâmes comme il convenait les propositions des Compagnies dans le *Bulletin des Transports* de mars et d'avril 1903 et, dans son rapport précité du 25 juin 1906, M. Tisserand les apprécia de la manière suivante :

« On déplaçait ainsi la responsabilité des avaries pour nombre de marchandises ; de la Cⁱᵉ, on la faisait passer *sur le commerce ;* et comme beaucoup de ces marchandises ne peuvent circuler *que bâchées* et que la fourniture des bâches était mise à la charge **des expéditeurs**, il en résultait des aggravations sensibles de frais de transport ; aussi l'émotion que la proposition causa dans le commerce, l'industrie et l'agriculture fut-elle *considérable* et de toutes parts s'élevèrent des protestations énergiques.

« A peu près **toutes les Chambres de commerce**, un nombre considérable de syndicats, de sociétés, de Compagnies industrielles et d'organes des intérêts du commerce et de l'industrie, ainsi que beaucoup de métallurgistes, de manufacturiers, et de commerçants signalèrent-ils les dangers du transport *à découvert* des *neuf dixièmes* des marchandises comprises dans la liste des Compagnies et demandèrent le rejet de la proposition ; les plus modérés et *les moins nombreux* des protestataires réclamèrent, si l'on voulait donner une suite aux demandes des Cⁱᵉˢ, une révision très serrée de la liste, au moyen d'une enquête rigoureuse près des intéressés.

« Nous ne pouvons reproduire toutes les protestations qui ont été adressées à l'Administration; elles forment un trop volumineux dossier. Nous nous contenterons d'en faire quelques extraits.

« La Chambre de commerce de **Lille** demande le rejet absolu de la proposition. Les Compagnies, par ce moyen, s'écartent, dit-elle, du principe ancien de droit commun, qui veut que le transporteur à qui on confie une marchandise prenne *toutes les mesures* propres à la **protéger**, afin de pouvoir la remettre en bon état au destinataire, les tarifs étant d'ailleurs combinés de manière à couvrir les dépenses inhérentes à la protection de la marchandise en cours de route ; les innovations proposées, ajoute-t-elle, paraissent avoir été faites par les Cies surtout *pour les soustraire aux risques de payer des indemnités pour avaries*. Elle ne voit qu'inconvénients, dangers de **frais supplémentaires** pour le commerce dans les additions demandées, lesquelles, si on les admettait, constitueraient **un véritable recul** sur les conditions actuelles des tarifs spéciaux ; elle s'élève *avec véhémence* contre la disposition qui permettrait aux Cies *de percevoir une taxe de location pour les bâches* servant à protéger des marchandises qui, d'après leur nature, *et les tarifs actuels*, sont transportées en wagons fermés ou en wagons *découverts* bâchés aux frais des Compagnies. »

Parmi les Chambres de commerce qui avaient protesté le plus vivement, M. Tisserand cite les suivantes : Amiens, Auxerre, Bayonne, Belfort, Besançon, Boulogne-sur-Mer, Bourges, Charleville, Chartres, Dijon, Grenoble, Lyon, Mâcon, Saint-Brieuc, Toulon, Valenciennes, Versailles.

LES CHAMBRES DU SUD-EST

« Mêmes conclusions, ajoute l'honorable rapporteur (pp. 10 et 11), des Chambres de commerce du **Sud-Est** qui considèrent comme *absolument inadmissible* que la nouvelle réglementation soit une *aggravation* de la situation actuelle ; elle ne doit être qu'une simple codification des clauses des tarifs spéciaux en vigueur ; or, sur les 340 articles ou groupes de marchandises compris dans les tableaux dressés par les Cies, il n'y en a que 10, disent-elles, pour lesquels les tarifs spéciaux actuels prévoient le transport en wagon **découvert**.

« Ces quelques citations qu'on retrouve, dit M. Tisserand, dans les délibérations des autres Chambres de commerce, montrent avec quelle **défaveur générale** ont été accueillies les propositions des Compagnies. »

L'OFFICE DES TRANSPORTS DE LYON

Les protestations des Chambres du Sud-Est s'inspiraient des conseils de l'Office des transports de Lyon.

« Les expéditeurs, avait dit celui-ci, vont se trouver dans l'obligation soit de payer une « location de bâches, ce qui entraînera pour eux une **taxe supplémentaire**, soit de déga- « ger les transporteurs de la **responsabilité** résultant de ce mode de transport... »

Les « **sujétions nouvelles** proposées, ajoutait-il, seraient **extrêmement graves**... »

Il les engageait enfin, « tout en approuvant l'uniformisation des frais de location des « bâches », à « protester contre une généralisation *inadmissible* de la mesure, en deman- « dant que seules les marchandises qui voyagent *actuellement* en wagon *découvert* soient « maintenues dans la nomenclature des marchandises inscrites à l'article 6 proposé. » (Compte rendu, n° 10, des travaux de l'Office, p. 26.)

MOUVEMENT TOURNANT

Quantum mutatus ab illo ! L'Office précité, après avoir critiqué notre proposition de remaniement de l'art. 103, au moyen d'arguments dont l'inanité est démontrée par la jurisprudence actuelle (*Bulletin des Transports du 1ᵉʳ mars 1910, pp. 36 et 37*), exprime tout d'abord l'avis, dans une note du 28 septembre 1909, que l'insertion dans les tarifs d'une clause relative au « régime du transport en *wagon découvert* et du *bâchage* » serait de nature à réduire notablement le nombre des litiges; puis, dans une autre note envoyée deux jours après aux Chambres de commerce, il précise, en déclarant qu'il lui paraît utile « d'inviter les Compagnies à présenter *le plus rapidement* possible les propositions rela- « tives au *transport à découvert* et *au bâchage* » et il ajoute que c'est seulement au cas où elles s'y refuseraient qu'il y aurait lieu de modifier l'article 103 du Code de commerce.

Le *Syndicat national* dit *pour l'amélioration* des Transports a « marché » dans le même sens :

« Au cas où les Compagnies comme nous le demandons, dit-il, ne solutionneraient pas la question « du bâchage par l'inscription, aux conditions d'application des tarifs *d'une* réglementation (*sic*), « il y aurait lieu de faire appel au Parlement pour lui demander d'introduire un texte précis dans « l'article 103 du Code de commerce. » (*Journal du Syndicat national* dit *pour l'amélioration des transports, du 1er janvier 1910, p. 388.*)

Le résultat de ces avis? Un certain nombre de Chambres de commerce, inspirées par ces groupements, réclament aujourd'hui une réglementation contre laquelle elles avaient protesté en 1903.

D'autre part, depuis les propositions de 1903 et grâce à l'influence néfaste des « chers camarades » de son Administration, le Ministre des Travaux publics a homologué, dans les conditions *particulières* de quelques tarifs spéciaux, la clause dont le texte est publié page 25, col. 1, de notre brochure « chamois » (1). Cette clause prévoit :

1° Le transport en wagons *découverts* ;

2° La faculté, pour l'expéditeur, de *fournir* les bâches ou de les *prendre en location* en payant un *minimum* de 1 franc par bâche ;

3° Le *bâchage* à la charge et *aux risques* de l'expéditeur.

LE DANGER

Tant que la clause en question, disions-nous dans le *Bulletin des Transports* du 1er mars 1910, p. 34, col. 3, s'applique exclusivement à des marchandises *n'ayant rien à craindre* du transport *à découvert*, elle n'offre évidemment aucun inconvénient grave pour le commerce ; mais en est-il bien toujours ainsi et, surtout, en sera-t-il toujours ainsi ? N'est-il pas à craindre que l'Administration supérieure, malgré qu'elle ait manifesté, dans la dépêche du 17 octobre 1902, son désir de respecter *les usages du commerce*, se laisse aller à rendre ladite clause applicable à des marchandises dont le transport ne peut s'effec- tuer *à découvert* sans avaries ?

LA JUSTIFICATION DE NOS CRAINTES

Cette justification ne s'est pas fait attendre: le 2 avril 1910, M. Millerand, ministre des Travaux publics, adressait aux Chambres de commerce, la circulaire dont on trouvera le texte plus loin et dans laquelle il déclare que son Administration « a pris pour règle « d'exiger l'insertion dans les *nouveaux* tarifs concernant des marchandises qui CRAI- « GNENT LES INTEMPÉRIES, — en même temps qu'une note indiquant que le trans-

---

(1) Cette brochure, qui contient le texte et l'exposé des motifs complet de la proposition D. Delahaye, a été adressée gratuitement par notre Ligue, le 15 mars 1910, à tous les corps commerciaux, industriels et agricoles.

« port a lieu en WAGONS DÉCOUVERTS, — une disposition stipulant que les Adminis-
« trations de chemins de fer *doivent fournir des bâches* aux expéditeurs qui le deman-
« dent ; elle poursuit la modification dans ce sens des tarifs *actuels*, etc... »

COMPLAISANCES ADMINISTRATIVES

Cette circulaire démontre que c'est de la naïveté que de placer son espoir dans l'Administration des Travaux publics, dont la faiblesse a été flétrie, dans les termes ci-après, à la
Tribune du Sénat lors de la discussion du projet Rabier, le 10 mars 1905, par M. Gauthier, l'un des prédécesseurs du ministre actuel :

« Grâce au laisser-aller et à la négligence des ministres des Travaux publics de l'époque, les Compagnies ont introduit à la suite de certains de leurs tarifs spéciaux — et bientôt cette mesure a été
généralisée — la clause suivante : « La Compagnie ne répond pas des « déchets et avaries de
route. »

« C'est évidemment une contradiction flagrante de l'article 103 du Code de commerce.

« Oui, il y a eu faiblesse et négligence : il y a eu plus que cela, il y a eu oubli et méconnais-
sance de la loi, de la part des ministres des Travaux publics qui ont homologué les tarifs de 1857
à 1905. » (*Journal officiel* du 11 mars 1905, p. 374, col. 3.)

C'est grâce à des faiblesses semblables qu'on a pu voir, depuis le vote de la loi Rabier,
les ministres qui se sont succédé au département des Travaux publics homologuer des dispositions autorisant le transport en WAGON DÉCOUVERT de marchandises CRAIGNANT
LES INTEMPÉRIES. La circulaire précitée démontre malheureusement que l'Administration persiste dans cette voie en vue de *diminuer la responsabilité* des chemins de fer
tout en **aggravant considérablement les charges des expéditeurs**. Il y
a donc lieu de protester contre ladite circulaire et de demander, plus énergiquement que
jamais, le vote de la proposition D. Delahaye.

Le Directeur de la Ligue,
L. LAMY.

LE MINISTRE CONTRE LE COMMERCE

Circulaire ministérielle hostile au projet Dominique Delahaye.

Rapprochements intéressants.

Les erreurs et les promesses du ministre.

Ce qu'il faut demander. — Protestations nécessaires.

---

*Les rapports des ingénieurs
du contrôle sont calqués res-
pectueusement sur les rapports des ingénieurs des Compagnies..*

Telle est l'affirmation qu'a pu apporter à la tribune de la Chambre, le 15 janvier 1900, M. le député Lagasse.

Personne n'ignore, en effet, que le contrôle des chemins de fer est, pour les « chers camarades », l'avenue d'accès, bordée de roses, qui mène aux grandes Compagnies ; dès lors on ne saurait s'étonner de la faiblesse et de la complaisance des ingénieurs qui, — et Dieu sait s'ils sont nombreux ! — caressent plus ou moins ouvertement l'espoir de toucher un jour la terre promise,

On pourra voir, dans le *Bulletin des Transports* du 1er mai 1910, sous le titre « Ceux qui nous ruinent », que les intérêts du public ont été maintes fois méconnus ou sciemment foulés aux pieds par ceux-là mêmes qui auraient dû le plus jalousement les défendre ; dès maintenant, en rappelant seulement les attaques dont la proposition Rabier fut l'objet, nous montrerons qu'on pouvait s'attendre à voir se produire, contre la proposition D. Delahaye, des manœuvres sinon semblables dans leur forme, du moins identiques dans le but de ceux qui les ont inspirées.

L'Administration des Travaux publics et le projet Rabier.

Alors que la Chambre des députés avait déjà voté la proposition Rabier, l'Administration des Travaux publics, — M. D. Pérouse, inspecteur général des Ponts et chaussées étant directeur des chemins de fer, — avait négocié avec les Compagnies un arrangement en vue de faire échec à ce projet devant le Sénat (déclaration de M. Peytral ; séance du 17 mars 1904) ; cet arrangement devait substituer au projet Rabier, sous forme d'amendement, un texte rédigé par les « chers camarades » du Comité consultatif des chemins de fer et que M. Tillaye, ancien ministre des Travaux publics, rapporteur du Sénat, apprécia en ces termes :

« Nous pensons que le Sénat rejettera *sans hésitation* un texte qui constitue *un tel recul* sur les solutions préconisées il y a deux ans à peine, par les adversaires irréductibles de notre proposition de loi. » (Rapport supplémentaire du 6 décembre 1904.)

Plus tard, quand M. D. Pérouse prit la parole devant le Sénat, en qualité de commissaire du gouvernement, il s'attira cette verte réplique de M. Tillaye :

« Quand, tout à l'heure, M. le Directeur des chemins de fer, vous êtes venu expliquer quel accueil serait fait à la proposition Rabier, permettez-moi de vous dire que vous sortiez quelque peu de votre rôle.

« Ce n'était pas à vous d'indiquer aux Compagnies les représailles dont elles pourraient user. Elles ne sont que trop portées à exagérer leurs droits... » (Sénat, séance du 27 décembre 1904, *Journal officiel* du 28, p. 1136, col. 2.)

M. Pérouse est remis, sans doute, de cette vive semonce : il vient, en effet, d'être nommé administrateur de la Cie P.-L.-M. et il pourra, dans ce fauteuil doré, se reposer de ses campagnes.

D'autre part, les efforts des « chers camarades » en ce qui concerne le projet Rabier ont piteusement échoué, puisque, finalement, le Sénat a adopté le texte de ce projet, sans addition ni modification d'aucune sorte, par 209 voix contre 24.

L'Administration des Travaux publics et le projet D. Delahaye.

Voici maintenant de quelle manière le ministre des Travaux publics répond aujourd'hui aux vœux qui lui ont été adressés par les corps commerciaux en faveur du projet D. Delahaye.

Ministère
des Travaux Publics   Paris, le 2 avril 1910.
des Postes
et des Télégraphes
—   Le Ministre
Cabinet   à M. le Président de la Cham-
du Ministre.   bre de commerce de...

Vous m'avez transmis une délibération par laquelle la Chambre de commerce de... a appuyé une demande de modification de l'article 103 du Code de commerce, concernant la responsabilité du voiturier en cas de perte ou avaries.

Cette demande aurait pour objet de prévenir les conséquences qui résulteraient, pour le commerce, d'un arrêt de la Cour de cassation du 17 mai 1909, dont les termes sont les suivants :

« Attendu que le bâchage doit être considéré comme « une des opérations du chargement et que l'expédi-« teur, obligé, d'après, le tarif dont il a requis l'appli-« cation, à charger la marchandise, ne peut s'en « prendre qu'à lui-même de la défectuosité de son « bâchage; que la responsabilité de la Compagnie ne « peut être engagée par le mauvais état d'une bâche « mise par elle gracieusement à la disposition de « l'expéditeur et qu'il a accepté sans aucune protes-« tation ;
« Attendu que le pourvoi reproche vainement au ju-« gement attaqué de n'avoir pas tenu compte de cette « circonstance que la Compagnie aurait fourni un « wagon découvert au lieu du wagon fermé qui lui « avait été demandé, que le jugement conteste la sin-« cérité de cette affirmation; qu'au surplus une Com-« pagnie n'est pas tenue de fournir un wagon d'un « modèle déterminé, qu'il suffit, pour dégager sa « responsabilité, de fournir un wagon dont la mise « en service a été régulièrement approuvée;
« Attendu, d'autre part, qu'elle n'est pas tenue de « vérifier l'état du bâchage des marchandises qui lui « sont remises en wagon complet bâché par l'expé-« diteur et qu'il ne lui appartient pas davantage de « le modifier en cours de route; qu'il suit de ce qui « précède que le jugement attaqué, régulièrement « motivé, loin de violer les textes visés au pourvoi, « en a fait une exacte appréciation ;
« Par ces motifs, rejette...... »

Pour remédier aux inconvénients qui vous parais-sent devoir découler de cet arrêt, vous appuyez la proposition de compléter comme suit les dispositions de l'article 103 du Code de commerce (1) :

« ARTICLE 103. — Le voiturier est tenu d'employer « ou de fournir pour le transport un matériel ap-« proprié à la nature des objets et qui soit suscep-« tible d'assurer leur arrivée à destination en bon « état de conservation.

_____

(1) Une proposition de loi dans ce sens a été déposée au Sénat par M. Dominique Delahaye, le 30 novembre dernier.

« Il est garant de la perte des objets à transporter, « hors le cas de la force majeure et des avaries au-« tres que celles qui proviennent de la force majeure « ou du vice propre des objets transportés eux-« mêmes.

« Il est réputé avoir reçu ces objets en bon état et « bien conditionnés à moins qu'il n'ait fait des « réserves au moment de leur réception et que ces « réserves aient été acceptées par l'expéditeur. En « cas de contestation à ce sujet, il sera procédé, pour « la vérification desdits objets, conformément aux « prescriptions du premier alinéa de l'article 106 du « Code de commerce.

« Toute disposition ou clause contraire, par ses « termes ou par ses effets, à celles qui précèdent, « insérée dans toute lettre de voiture, tarif, ou autre « pièce quelconque, est nulle. »

Je crois devoir rappeler, tout d'abord, que l'arrêt dont il s'agit a été rendu par la *Chambre des Re-quêtes*, devant laquelle n'est pas admis le débat con-tradictoire ; j'ajoute qu'une Cour d'appel ayant sta-tué récemment dans un sens contraire à l'arrêt qui a été confirmé par la Chambre des Requêtes, celle-ci ne pourra qu'admettre le pourvoi qui a été formé contre le nouvel arrêt, et ce sera la *Chambre civile* qui prononcera définitivement.

Je vous ferai en outre observer : d'une part, que si, aux termes de l'arrêt précité, une Compagnie n'est pas tenue de fournir un wagon d'un modèle déter-miné, cette solution ne peut évidemment s'appliquer qu'au cas où, comme dans l'espèce visée par l'arrêt en question (transport d'un wagon de pommes de terre effectué aux conditions du tarif P. V. n° 2 Or-léans), le tarif revendiqué ne contient aucune stipu-lation à ce sujet; d'autre part, que la bâche dont les défectuosités n'ont pas paru à la Cour devoir entraîner la responsabilité du transporteur avait été mise *gracieusement*, d'après l'arrêt, à la disposition de l'expéditeur.

Or, à la suite de l'examen fait par le Comité consultatif des Chemins de fer, l'Administration a pris pour règle d'exiger l'insertion, dans les nouveaux tarifs concernant les marchandises **qui craignent les intempéries**, — en même temps qu'un Nota indi-quant que le transport a lieu en **wagons découverts** —d'une disposition stipulant que les Administrations de Chemins de fer *doivent fournir* des bâches aux expéditeurs *qui le demandent*; elle poursuivit la mo-dification dans ce sens des tarifs actuels, sous la réserve, bien entendu, qu'il n'en résultera pour le public aucune surcharge par rapport à l'état de choses en vigueur, c'est-à-dire que les marchandi-ses qui doivent être actuellement bâchées par les soins de la Compagnie à raison de leur nature et en l'absence de clause contraire dans le tarif qui leur est applicable continueront à être soumises aux mêmes conditions de transport. Cette disposition paraît de nature à sauvegarder les intérêts du public, en ce qui concerne, tant la fourniture même de l'engin nécessaire à protéger la marchandise, que la qualité de cet engin ; l'obligation de le fournir im-plique en effet nécessairement, à moins d'être inopé-rante, celle de le fournir en *bon état*.

En ce qui concerne l'accomplissement, par les expéditeurs et destinataires, des opérations du bâchage, le Comité consultatif des Chemins de fer n'a pas pensé qu'il fût possible de s'opposer à l'in-sertion dans les tarifs de clauses de cette nature ; le bâchage peut, en effet, être considéré comme un mode de conditionnement de la marchandise et mis, dès lors, à la charge du commerce, lequel profite inversement des réductions que les Compagnies lui accordent seulement sous cette condition ; mais mon Administration s'efforce d'amener les Compagnies à permettre à l'expéditeur, dans tous les cas où les opérations de bâchage sont mises à sa charge par le tarif, de les faire accomplir par le Chemin de fer *moyennant le paiement d'une taxe* fixée à titre de frais accessoires.

Dans ces conditions, étant donné surtout que la question de la fourniture des bâches par les Compagnies et du bon état de ces bâches se trouve réglée (*sic*) en principe, dans des conditions conformes aux besoins du Commerce, vous voudrez bien reconnaître qu'il n'y a point lieu, en l'état, de poursuivre l'examen, par le Parlement, de la proposition de loi ci-dessus-indiquée.

J'écris d'ailleurs aux Compagnies pour leur recommander, en attendant l'achèvement de la réforme des conditions relatives au bâchage, de ne pas tirer de l'arrêt du 17 mai 1909 des conséquences qui pourraient être regardées comme excessives.

Le Ministre des Travaux publics,
des Postes et des Télégraphes.
Par autorisation :
Le Directeur du cabinet,
PERSIL.

Vieille chanson

Le texte du projet D. Delahaye, rappelé dans la lettre ci-dessus, est celui que notre Ligue a proposé pour remplacer l'actuel article 103 du Code de commerce : cet article, malgré les modifications qu'y a apportées, le 17 mars 1905, la loi Rabier, doit, en effet, être considéré comme insuffisant, depuis que les arrêts, véritablement scandaleux, des 17 mai et 7 juillet 1909, ont démontré que les Compagnies n'étaient aucunement disposées à appliquer loyalement ladite loi Rabier et que la Cour de cassation n'avait aucun souci de s'inspirer des intentions du législateur de 1905.

Dans sa lettre ci-dessus le ministre des Travaux publics prend position et se déclare nettement hostile au projet Delahaye ; c'est dans l'ordre : l'Administration qui a combattu le projet Rabier combat le nouveau projet destiné à faire sortir la loi Rabier son plein et entier effet.

C'est pourquoi les corps commerciaux auxquels cette lettre a été adressée pourraient la remiser dans leurs archives en la classant parmi les vieilles chansons.

Il n'appartient pas, du reste, au ministre de décider du sort des propositions de loi dont le Parlement est régulièrement saisi. L'Administration a combattu en 1905 le projet Rabier et celui-ci a néanmoins été voté à une énorme majorité ; elle combat, en 1910, le projet complémentaire

Delahaye... il est permis d'espérer que cette opposition portera bonheur à celui-ci comme elle a porté bonheur au premier.

Nous ne nous contenterons cependant pas de manifester cette espérance et de nous reposer sur elle : il importe trop que l'opinion soit éclairée, que la vérité soit dite tout entière, que les corps commerciaux ne se laissent pas troubler par l'amphigourique phraséologie de la missive ministérielle.

LES ERREURS ET LES PROMESSES DU MINISTRE.

1° La jurisprudence actuelle
Citations incomplètes.

Nous devons faire remarquer, en premier lieu, que le ministre restreint singulièrement la portée de la question.

D'après sa lettre, les vœux qui lui ont été adressés en faveur du projet Delahaye auraient uniquement pour objet de prévenir les consé- « quences qui résulteraient, pour le commerce, « d'un arrêt de la Cour de cassation du 17 mai 1909... ».

Or il n'y a pas un seul arrêt, mais deux : le second, en date du 7 juillet 1909, rendu au sujet d'engrais qui craignaient la mouille, également par la Chambre des requêtes de la Cour de cassation, s'exprime ainsi :

« Attendu, en fait, qu'aux termes du tarif P. V. n° 22 en vigueur sur le réseau du Midi dont l'expéditeur avait requis l'application, celui-ci était obligé d'effectuer lui-même *le chargement* de la marchandise à transporter ; que, *le bâchage* étant considéré comme une des opérations du chargement, il ne peut s'en prendre qu'à lui de sa défectuosité :
« Attendu que la Compagnie, qui n'avait pas à *charger* la marchandise, n'était pas obligée de *fournir de bâche* avec le wagon ; que, si la bâche qu'elle a fournie *bénévolement* et *gratuitement* au demandeur était défectueuse, il appartenait à celui-ci de la vérifier et de la refuser, s'il y avait lieu ; qu'il est constaté par l'arrêt qu'il l'a acceptée sans protestation ni réserve. » (Capot contre Cᵉ du Midi.)

Pourquoi n'avoir pas parlé de ce second arrêt ?

Il montre au moins que le premier ne résultait pas d'une surprise ou d'une erreur ; que la volonté de la Chambre des requêtes a bien été consciente ; qu'elle est bien arrêtée ; qu'on ne peut espérer voir cette chambre de la Cour de cassation revenir, de son propre mouvement, à une jurisprudence meilleure pour le commerce.

D'autre part, il ne s'agit pas simplement de « prévenir les conséquences » de l'arrêt ou mieux des arrêts de 1909, mais de régler les

principes de la responsabilité dans l'article 103 du Code de commerce, de manière définitive et dans des termes tels qu'en aucun cas, — qu'il s'agisse de bâchage, d'emballage ou de toute autre chose, — la jurisprudence, ni les tarifs, ne puissent y porter atteinte.

Espérances chimériques.

Le ministre ajoute ensuite que l'arrêt du 17 mai ayant été rendu par la *Chambre des requêtes* (il en est de même, ainsi que nous l'avons déjà dit, de celui du 7 juillet), on peut placer son espoir sur les futurs arrêts de la *Chambre civile*, qui, dit-il, « prononcera définitivement ».

Peut-on considérer comme sérieux un pareil argument?

Nous avons actuellement deux arrêts de la Chambre des requêtes qui sont défavorables au public : c'est un fait.

Quand nous aurons un ou plusieurs arrêts de la Chambre civile nous saurons comment elle se sera prononcée : ce sera aussi un fait.

Mais, pour l'instant, nous ne pouvons que formuler à cet égard de simples hypothèses, en nous reportant aux décisions antérieures de la Chambre civile pour leur donner quelque fondement, et malheureusement ce travail est fort loin de conduire à l'optimisme du ministre : l'annexe n° 4 de la proposition D. Delahaye fait connaître (Voir *notre brochure chamois du 15 janvier 1910*, pp. 13 et 14) que l'arrêt de la Chambre des *requêtes* en date du 17 mai 1909 est la reproduction quasi littérale d'un arrêt de la Chambre *civile* du 24 juillet 1906, et, plus récemment encore, le 23 mars 1910, la même Chambre *civile* a rendu, dans le même sens, un nouvel arrêt dont on trouvera le texte dans le *Bulletin des Transports* du 1er mai 1910, duquel il résulte notamment :

— « Que le bâchage constitue l'une des opérations du chargement » ;

— « Que vainement le pourvoi objecte que le transport, en raison de la nature des marchandises (des chiffons pour papeterie) devait être effectué sur wagon couvert » ;

— « Que les Compagnies de chemins de fer ne sont pas tenues de mettre à la disposition des expéditeurs un wagon d'un modèle déterminé » ;

— « Qu'il suffit qu'elles fournissent un wagon dont la mise en service a été régulièrement approuvée » ;

— « Que le tarif appliqué ne contenant « aucune disposition prescrivant l'emploi de wagons couverts ou la *fourniture de bâches* la Cie en cause n'était pas responsable de l'avarie ».

Au sujet de ce dernier arrêt le journal « Le Droit » du 6 avril 1910 a écrit ce qui suit :

« Tout en concluant, dans cette affaire, au rejet du pourvoi, en raison de la faute souverainement constatée par l'arrêt attaqué *dans l'opération du bâchage,* M. l'avocat général Mérillon s'était énergiquement élevé contre la théorie soutenue par la Compagnie, en tant qu'elle revendique *le droit absolu* de livrer à l'expéditeur *n'importe quel type de wagon,* quelle que soit *la marchandise* à transporter.

« En effet, suivant M. l'avocat général, quand, s'agissant de wagons « découverts », la nature de cette marchandise *réclame nécessairement un bâchage,* la Compagnie doit, avec le wagon, fournir *la bâche,* et c'est seulement *l'aménagement* de cette bâche que l'expéditeur est tenu d'assurer à ses risques et périls, lorsque, d'après le tarif appliqué, le chargement lui incombe. »

C'est là ce que nous avons toujours soutenu, en ce qui concerne *la fourniture des bâches,* et la thèse de M. l'avocat général est bien d'accord avec la nôtre ; mais la Chambre *civile,* bien qu'elle ait délibéré pendant deux heures en chambre du conseil, a décidé en sens opposé : son opinion est donc fermement établie et en parfaite connaissance de cause.

Sans doute cet arrêt de la Chambre *civile* du 23 mars 1910 se rapporte, aussi bien que celui du 24 juillet 1906, à une expédition antérieure à la loi Rabier, mais rien absolument n'indique que la Chambre *civile* doive statuer différemment pour les expéditions postérieures à cette loi, alors surtout que la Chambre *des requêtes* a statué comme elle l'a fait dans ses arrêts des 17 mai et 7 juillet 1909.

Cette dernière chambre, malgré que le débat devant elle ne soit pas contradictoire, fait bien quelque étude, j'imagine, des pourvois qui lui sont soumis : ce serait lui faire injure que de supposer le contraire ; or, si la Chambre *des requêtes* n'a rien changé, depuis la loi Rabier, aux principes posés antérieurement à cette loi, pourquoi la Chambre *civile* ferait-elle autrement?

Enfin, en admettant que la Chambre *civile* dût adopter la jurisprudence que prétend espérer le ministre, jurisprudence qui serait, par conséquent, contraire à celle de la Chambre *des requêtes,* nous assisterions, si ces deux chambres maintenaient chacune leur manière de voir, à ce spectacle aussi peu banal que peu honorable pour la Justice : la Chambre des *requêtes* continuerait « de rejeter » les pourvois formés contre les décisions donnant gain de cause aux Compagnies et, comme le dit fort justement le ministre, elle « ne pourrait qu'admettre » les autres ; mais ceux-ci seraient impitoyablement rejetés par la Chambre civile et ainsi le contrôle de la Cour de cassation se trouverait, en fait, complètement supprimé pour toutes les affaires de cette nature.

Il faudrait, pour faire cesser cet état de choses anarchique, que l'une ou l'autre des deux chambres cédât. M. le ministre pourrait-il nous dire pourquoi ce serait la Chambre des requêtes, plutôt que la Chambre civile ?

C'est pourquoi nous avons tout lieu de croire que le conflit ne s'élèvera même pas et que la Chambre civile, dans ses arrêts futurs, n'émettra aucun principe ferme, contraire à ceux des arrêts rendus par la Chambre des requêtes, les 17 mai et 7 juillet 1909.

Recommandation ridicule.

La note comique est donnée par l'alinéa final de la lettre ministérielle :

« J'écris d'ailleurs aux Compagnies pour leur recommander, en attendant l'achèvement de la réforme des conditions relatives au bâchage, de ne pas tirer de l'arrêt du 17 mai 1909 des conséquences qui pourraient être regardées comme excessives. »

* Notez que la réforme à laquelle ce passage fait allusion consiste à « exiger l'insertion, dans « les *nouveaux tarifs* concernant des marchan- « dises qui craignent les intempéries, » de certaines clauses dont nous parlerons tout à l'heure. Comme, d'autre part, les anciens tarifs continueront de subsister, cette réforme pourra durer longtemps.

Donques, bon papa ministre, qui est, comme on sait, paralytique, recommande à Bébé d'être bien sage et de ne pas tirer de l'arrêt rendu à son profit des conséquences qui « pourraient être « regardées comme excessives » ; mais comme cette recommandation ne comporte et ne peut comporter aucune sanction, elle ne trompera que les gens assez naïfs pour la prendre au sérieux.

Comment ne pas rire, d'ailleurs, de ce ministre, dont la pusillanimité va, en temps ordinaire, jusqu'à renvoyer les plaignants à se pourvoir devant les tribunaux, « seuls compétents, » quelque minime que soit l'objet des réclamations qui lui sont soumises, et qui, aujourd'hui, après une décision judiciaire rendue par la plus haute magistrature du pays, *recommande* aux Compagnies de ne pas tirer, de l'arrêt qu'elles ont réussi à obtenir, tout le parti possible ?

C'est simplement se moquer du monde que de faire une recommandation pareille.

2° La réglementation projetée du transport en wagons découverts.

Un projet dangereux.

Lorsque, en 1903, les Compagnies demandèrent l'insertion dans leurs tarifs, de clauses autorisant le transport de certaines marchandises en wagons découverts, cette proposition donna lieu, de la part de la commission spéciale du Comité consultatif des chemins de fer chargée de l'examiner et de la part du Comité consultatif lui-même, à des avis nettement défavorables dont le texte est publié pages 11 et 12 de notre brochure chamois ; puis le ministre des Travaux publics, statuant en conformité de ces avis, rejeta la proposition le 10 avril 1907.

Mais, peu après, allant en quelque sorte au devant des désirs des Compagnies, le même ministre leur fit savoir, le 22 novembre 1907, que « c'était par *espèces* qu'il entendait régler la « question du conditionnement et du bâchage « des marchandises à transporter en wagons « *découverts* » ; il les invita, en conséquence, à formuler des propositions « tendant à fixer, pour *chacun* des « tarifs spéciaux, le régime dont il s'agit ». (Comité consultatif, rapport Tisserand, n° 18829, du 24 mai 1908.)

Depuis, des clauses prévoyant le transport en *wagons découverts* ont, en effet, été insérées dans quelques tarifs spéciaux.

Or, ainsi que nous l'avons fait remarquer (page 3), il était à craindre que le ministre, malgré qu'il eût manifesté, dans une dépêche du 17 octobre 1902, son désir formel de respecter à cet égard les *usages du commerce*, ne se laissât aller, à l'instigation des Compagnies, à autoriser le transport *à découvert* même pour des marchandises susceptibles *d'être avariées par les intempéries*.

Ces craintes sont, malheureusement, sur le point d'être justifiées en grande partie, étant donné que, dans sa lettre aux Chambres de commerce, le ministre des Travaux publics annonce l'intention d'homologuer, dans les nouveaux tarifs « concernant des marchandises qui crai- « gnent les intempéries... un nota indiquant « que le transport a lieu en wagons décou- « verts. »

Sans doute il ajoute aussitôt qu'il exigera « en « même temps l'insertion, dans les mêmes tarifs » d'une « disposition stipulant que les administra- « tions de chemins de fer *doivent fournir des bâ- « ches* aux expéditeurs qui *le demandent* » ; ce correctif peut être admis jusqu'à un certain point : la clause ainsi complétée cessera d'être contraire à l'article 103 du Code de commerce même modifié comme le demande M. D. Delahaye, toutes les fois qu'elle s'appliquera, — et c'est la presque totalité des cas, — à des marchandises susceptibles d'être transportées sans avarie sur des wagons *découverts et bâchés*. Mais il n'en est pas moins vrai que le ministre, s'appuyant, dit-il, sur l'examen qu'a fait de cette question le Comité consultatif des chemins de fer, déclare plus ou moins ouvertement qu'il est prêt, aujourd'hui, alors qu'autrefois il s'y était toujours refusé, à homologuer dans *tous les tarifs* concernant les marchandises *qui craignent les intempéries,* une clause autorisant le transport en *wagons découverts.*

Aggravation des charges des expéditeurs.

Cette déclaration mérite, tout autant que les propositions malhonnêtes de 1903 (Voir p. 1), de soulever les protestations du commerce, car la mesure préconisée par le ministre imposerait au public des charges *considérables,* pour toutes les marchandises au sujet desquelles les tarifs sont actuellement muets en ce qui concerne le bâchage.

Dans le rapport dont nous avons cité plus haut un extrait, M. Tisserand constate et les protestations auxquelles les propositions de 1903 donnèrent lieu et les justes motifs qui les avaient provoquées ; il fait connaître notamment quel est le nombre des tarifs spéciaux qui prévoient pour certaines marchandises la fourniture des bâches ou mettent le bâchage à la charge des expéditeurs :

Grande Ceinture...........	26
Nord	26
Ouest......................	11
Paris-Lyon-Méditerranée.......	10
Est.........................	8
Midi......	5
Etat.....................	4
Orléans..	3

Si, malgré la jurisprudence de la Cour de cassation l'on peut soutenir aujourd'hui que sur les 6 derniers réseaux·la Compagnie doit, pour la plupart des marchandises craignant les intempéries, fournir des wagons *couverts* ou faire elle-même *le bâchage* lorsqu'elle juge à sa convenance de fournir un wagon découvert, il cessera d'en être ainsi aussitôt qu'aura été inséré dans les tarifs concernant ces marchandises un « nota indi- « quant que le transport a lieu en *wagons dé-* « *couverts* » et une disposition obligeant le chemin de fer à « fournir des bâches aux expéditeurs *qui* *le demandent* » : cette dernière disposition met en effet implicitement le bâchage à la charge de ceux-ci, et, par suite, si elle était insérée, comme l'annonce le ministre dans « tous les tarifs concernant les marchandises qui craignent les intempéries », c'est pour toutes ces marchandises que

le bâchage par l'expéditeur deviendrait obligatoire.

On voit par là quelle serait l'importance de la charge nouvelle qui pèserait, de ce chef, sur le public.

Aggravation de la responsabilité des expéditeurs.

Toutes les fois que le nota et la disposition dont nous venons de parler seront applicables, non seulement l'expéditeur devra *faire le bâchage* s'il le juge à propos, mais il aura, puisqu'on lui laisse la liberté d'y procéder ou non, *la responsabilité de ce choix :* si, par exemple, il ne bâche pas et que des avaries s'ensuivent, ce sera de sa faute et les avaries seront à sa charge pour les motifs indiqués dans l'arrêt ci-après de la Cour de cassation, en date du 16 janvier 1895 :

« Attendu que, par une clause spéciale au bâchage des charbons de bois, le tarif spécial P. V. 8 dispose que « si les expéditeurs désirent que les charbons de « bois *soient bâchés* ils doivent en faire la demande « sur leur déclaration d'expédition » ; qu'aux termes de cette clause les expéditeurs, en cette hypothèse, doivent acquitter **un supplément de prix** valable suivant qu'ils fournissent ou non les bâches ; qu'il résulte de l'ensemble de ces dispositions que le transporteur a voulu s'**exonérer exceptionnellement de la responsabilité des avaries** résultant du défaut de bâchage et la laisser tout entière *à la charge de l'expéditeur qui a sciemment négligé* de faire la réquisition prescrite. » (Compagnie P.-L.-M. contre Bouillot.)

L'expéditeur sera encore *responsable,* ainsi qu'il est dit plus loin, si, ayant effectué *le bâchage,* des avaries sont résultées de *la défectuosité* de cette opération.

La modification des tarifs actuels.

Ce que nous venons de dire peut s'appliquer, d'après la circulaire ministérielle du 2 avril 1910, à tous les tarifs *nouveaux,* c'est-à-dire à toutes les propositions de tarifs dont le ministre sera ultérieurement saisi ; quant aux tarifs *actuels,* le ministre déclare qu'il en poursuit la modification dans le même sens, « sous la réserve, dit- « il, qu'il n'en résultera pour le public aucune « surcharge par rapport à l'état de choses en « vigueur, c'est-à-dire que les marchandises qui « doivent être actuellement bâchées par les soins « de la Compagnie à raison de leur nature et en « l'absence de clause contraire dans le tarif qui « leur est applicable, continueront à être sou- « mises aux mêmes conditions de transport » On serait tenté, à lire cela, de le qualifier de fumisterie.

Il n'y a, en effet, peut-être pas un seul tarif

qui mette *explicitement* le bâchage à la charge
de la Compagnie; quant aux autres tarifs, il
suffit de se reporter aux arrêts de la Cour de
cassation cités plus haut, pour voir que *le bâchage* est à la charge de l'expéditeur toutes les
fois que le tarif lui impose l'obligation du *chargement;* d'après l'arrêt du 7 juillet 1909, notamment, le bâchage étant une opération accessoire
du chargement, la Compagnie, **lorsqu'elle n'a
pas à charger la marchandise, n'est pas obligée de fournir une bâche avec le wagon** et
d'autre part si la fourniture de la bâche ne lui
est pas imposée par le tarif elle n'assume aucune
responsabilité, quant aux avaries, provenant de
la défectuosité de la bâche fournie *à titre gracieux*.

Il importe de remarquer que les arrêts en
question ont été rendus, l'un, au sujet de pommes de terre, l'autre au sujet d'engrais, le troisième au sujet de chiffons, toutes marchandises
qui craignaient les intempéries. Il n'y a donc
aucun doute sur ce point : en l'état de la jurisprudence les Compagnies peuvent se désintéresser complètement de la couverture des wagons
découverts qu'elles fournissent ; aucune marchandise n'est dans le cas prévu par la prétendue
réserve ministérielle et le ministre pourra insérer son Nota avec la disposition correspondante
partout où il voudra.

Le bilan de la réforme projetée.

Il la mettra partout, c'est à peu près certain :
d'abord parce qu'il le dit presque dans sa circulaire, et, en second lieu, parce que les Compagnies y ayant un réel intérêt l'y pousseront de
toutes leurs forces.

Leur bénéfice, en effet, sera le suivant :

1º Économie sur le prix d'achat des wagons,
puisque les wagons découverts coûtent moins
cher que les autres;

2º Économie sur les frais de traction, le poids
mort des wagons découverts étant moins considérable ;

3º Économie de main d'œuvre lorsque le
bâchage sera fait par l'expéditeur ou perception
de frais supplémentaires spéciaux si les Cᶦᵉˢ,
suivant le vœu ministériel, veulent bien le faire
pour lui;

4º Perception de frais de location de bâches;
car l'expéditeur ayant la faculté de les demander
ou de n'en rien faire il est infiniment probable
que cette fourniture ne serait pas gratuite;

5º Enfin, ainsi qu'on l'a vu plus haut, une
diminution de leur responsabilité pour les avaries de mouille ou autres analogues.

Quant au public, qui, d'après le ministre, ne
doit supporter « aucune surcharge par rapport
à l'état de choses en vigueur » il aura à sa
charge :

1º Les *frais* des opérations de bâchage et de
débâchage, frais qui dans le tarif P. V. 23 du
P.-L.-M. par exemple, sont évalués à 1 fr. par
wagon ;

2º Les *risques* et *périls* de ces mêmes opérations (accidents aux ouvriers ou avarie de la
marchandise pendant leur exécution);

3º Les *frais de location* des bâches;

4º Enfin la *responsabilité* dont il a été parlé
et celle qui sera inhérente à la manière dont le
bâchage aura été fait.

Voilà pourquoi il faut protester contre les
belles promesses du ministre, et poursuivre
plus énergiquement que jamais la réalisation de
la proposition D. Delahaye.

CE QU'IL FAUT DEMANDER

1º La responsabilité des Compagnies.

Nous voulons la responsabilité des Compagnies, mais une responsabilité réelle, telle qu'elle
est indiquée par le bon sens, par les principes
généraux du droit, par l'article 103 du Code de
commerce sainement entendu.

A chacun la responsabilité de ses actes et de ses fautes.

La lettre du ministre donne à entendre que
la proposition Delahaye interdirait de mettre à
la charge des expéditeurs et destinataires les
opérations de bâchage et de débâchage : c'est
une nouvelle erreur à ajouter à tant d'autres.

La proposition D. Delahaye n'interdit pas plus
d'imposer ces opérations aux expéditeurs et destinataires qu'elle n'interdit de leur imposer
les opérations de chargement et de déchargement, pourvu que la responsabilité reste attribuée à chacun comme elle lui revient de droit :
à l'expéditeur pour les conséquences du chargement et du bâchage effectués par lui, lorsqu'il est établi que c'est son fait qui a été la
cause du dommage; au chemin de fer pour
toutes les autres causes de perte ou d'avarie,
conformément à l'arrêt ci-après de la Cour de
cassation :

« Attendu, dit un arrêt de la Cour de cassation du
15 mars 1909, que si la loi du 17 mars 1905 a refusé
tout effet aux clauses par lesquelles les transporteurs
s'exonéraient de la responsabilité des avaries survenues aux marchandises en cours de route, elle leur a
néanmoins *laissé la possibilité d'établir* que ces ava-

ries auraient pour cause le *vice propre* ou *la force majeure* ; qu'il résulte des observations échangées pendant la discussion de la loi, que, comme l'avait admis jusqu'alors la jurisprudence, la *faute de l'expéditeur* serait assimilée *au vice propre*, le transporteur ne pouvant, dans un cas comme dans l'autre, répondre d'un fait *qui lui serait étranger.*» (Cass., 15 mars 1909, *Bulletin des Transports*, 1er août 1909.)

Si nous prétendons préciser et affirmer les obligations des Compagnies nous n'entendons pas pour cela méconnaître leurs droits.

Mais nous demandons qu'elles soient toujours obligées de fournir...

Un matériel en bon état et approprié au transport.

Ayant le choix des moyens elles doivent en avoir la responsabilité : il n'y a là rien que de très légitime et de très naturel.

Pour des pavés, des meulières, des moellons, etc.., elles pourront fournir de simples plates-formes, parce que de simples plates-formes suffisent à assurer l'arrivée de la marchandise en bon état à destination.

Pour des fourrages, des foins, de la paille, etc.., elles fourniront encore des plates-formes parce que ces véhicules sont *appropriés* à la nature du transport, mais elles seront tenues, en outre, de fournir des bâches suffisantes et en bon état, puisque des bâches sont *nécessaires* à la conservation de la marchandise.

Pour des animaux, bœufs, chevaux, porcs, etc., des wagons couverts pourront seuls être utilisés.

Le § 1er de la proposition Delahaye assure à cet égard toutes les garanties désirables.

Au sujet du vice propre.

Nous voulons aussi qu'elles ne puissent plus faire juger que « la défectuosité de *leur matériel* constitue le *vice propre* de l'expédition », dont elles ne sont pas responsables (1).

Le § 2 de la proposition D. Delahaye précise qu'elles ne pourront invoquer d'autre « vice propre » que celui des « objets transportés eux-mêmes ».

La vérification et les réserves.

Nous voulons encore qu'il y ait *présomption* que les objets transportés étaient en bon état, au départ, si la Compagnie les a reçus sans protestation ni réserves.

Les Compagnies soutiennent la thèse contraire ainsi qu'il résulte de la note ci-après publiée

dans le journal « le Droit », du 21 avril 1910, au sujet d'un pourvoi admis par la Cour de cassation (Ch. des req.), le 13 du même mois :

« *N'est-ce pas à tort que le juge décide que le fait qu'une Compagnie de chemin de fer a reçu sans protestation ni réserve la marchandise expédiée a pour conséquence que cette marchandise doit être présumée avoir été en bon état au départ ?*

« *Admission, au rapport de M. le conseiller Duboin et sur les conclusions conformes de M. l'avocat général Lombard, du pourvoi formé par les chemins de fer de l'Etat contre un jugement du Tribunal de commerce d'Arras du 12 février 1909 rendu au profit de M. Doré-Chasseriau.*

Le § 3 de la proposition D. Delahaye ne permettra plus aux Compagnies de soutenir une semblable thèse qui est contraire au droit commun et même à leurs propres instructions (1).

Application rigoureuse de la loi.

Enfin il ne faut pas qu'on puisse décider que la disposition « le transport aura lieu en wagon découvert » sans l'**obligation corrélative** de fournir *la ou les bâches nécessaires* n'est pas une clause contraire à l'art. 103 du Code de commerce lorsqu'elle s'applique à des marchandises craignant les intempéries : puisque, dans ce cas, elle produit les mêmes effets que si, par ses termes, elle était en contradiction avec cet article.

Le § 4 de la proposition D. Delahaye empêchera que la loi puisse être tournée au moyen de *dispositions* semblables.

2° Une loi, parce qu'elle est nécessaire.

En se reportant aux arrêts rendus par la Cour de cassation, à notre brochure « chamois », aux articles que nous avons publiés, notamment les 1er mars et 1er avril 1910, enfin à ce qui est dit plus haut, il est facile de voir que les prétendues améliorations annoncées par le ministre ne réaliseraient que très imparfaitement les mesures dont nous venons de démontrer la nécessité.

Les réaliseraient-elles, que cela ne pourrait nous suffire, l'expérience ayant trop souvent démontré le peu de solidité des bonnes volontés ministérielles ou administratives devant l'opposition des Compagnies.

Les mesures en question auraient du reste

(1) Voir notre brochure « chamois », pp. 21 et 22.

(1) Voir notre brochure « chamois », pp. 10 et 11.

pour effet *d'augmenter les charges du public sans compensation.*

Par ailleurs, on ne saurait compter sur les décisions judiciaires futures : d'abord parce qu'il n'est pas *certain* que la jurisprudence doive s'améliorer ; en second lieu, parce que, même en admettant la réalisation de cette hypothèse, là encore l'expérience a surabondamment démontré l'instabilité des principes juridiques de la Cour de cassation.

Une loi est donc nécessaire, et c'est pourquoi, après avoir provoqué l'éclosion du projet Delahaye, nous demandons instamment à tous les intéressés de réclamer le vote de cette loi.

CONCLUSION

Le néant de la réponse ministérielle est trop visible, le but poursuivi par les « chers camades » qui l'ont inspirée ou dictée trop évident : il s'agit, une fois encore, de sauver la mise aux Compagnies, de faire échec à un projet qui les gêne et de leur fournir en même temps l'occasion de faire homologuer des propositions « aussi malhonnêtes » que celles dont nous avons parlé plus haut, page 1.

Mais de même que toutes les Chambres de commerce avaient protesté contre ces propositions, toutes les Chambres de commerce ainsi que les autres corps commerciaux protesteront auprès du ministre contre sa circulaire du 2 avril 1910.

« La loi est souveraine, pourront-ils lui dire ; « elle est ce qu'elle est ; elle est pour ainsi dire « intangible pour d'autres que pour le législa- « teur. Le juge peut l'interpréter à sa façon, « c'est vrai, mais lorsque la jurisprudence « des tribunaux *s'écarte de la vérité*, les pou- « voirs publics ont *le devoir* de rétablir la loi « dans son texte et dans son esprit...

« Ces paroles, monsieur le ministre, ont été prononcées à la tribune du Sénat, le 10 mars 1905, par l'un de vos prédécesseurs, M. Gauthier ; motivées par l'interprétation scandaleuse que faisait la Cour de cassation des clauses de non-garantie en vigueur à cette époque, elles ont obtenu l'approbation quasi unanime de la haute assemblée qui les a entendues.

« Une situation analogue se présente aujourd'hui : l'œuvre du législateur de 1905 est réduite à néant ; la loi Rabier est lettre morte pour la Cour de cassation... M. Dominique Delahaye demande aux pouvoirs publics, comme autrefois M. Fernand Rabier, de *rétablir la loi dans son texte et dans son esprit.*

« Ainsi que le fait remarquer M. Delahaye dans l'exposé des motifs de sa proposition, aucune des additions qu'il propose d'apporter à l'actuel article 103 du Code de commerce ne doit entraîner, pour les Compagnies de chemins de fer, des obligations nouvelles en sus de celles résultant dès maintenant de l'interprétation naturelle des textes en vigueur.

« Ces obligations, dit-il, certaines décisions « de la jurisprudence les ont consacrées. (V. « annexe no 3, p. 12 de notre brochure chamois) « et les Compagnies reconnaissent, dans leurs « propres instructions, y être tenues. (V. annexe, « no 1, *ibidem*, p. 10.)

« Il ne s'agit, en définitive, que de ramener « la jurisprudence au respect des intentions du « législateur et de réaliser le but que poursuivait « le Parlement lorsqu'il a voté la loi du 17 « mars 1905. »

« On vous a déjà demandé instamment, monsieur le ministre, d'appuyer auprès du Parlement la proposition de M. D. Delahaye. Cette proposition est juste ; elle répond à un véritable besoin ; elle est réclamée par le commerce tout entier... et cependant vous refusez votre concours sous des prétextes que nous ne pouvons juger valables.

« Vous nous engagez à avoir confiance en une jurisprudence meilleure que vous vous plaisez d'espérer ; mais comment aurions-nous cette confiance après les cruelles leçons du passé ?

« Vous nous affirmez que vous allez réglementer la question du bâchage par des mesures qui vous paraissent de nature « à sauvegarder les intérêts du public », mais outre qu'il ne s'agit pas uniquement de la question du bâchage, nous voyons, en examinant les clauses dont vous vous proposez l'insertion dans les tarifs, que la responsabilité des Compagnies de chemins de fer, loin d'être affirmée par ces clauses, serait *atténuée*, tandis que de nouvelles *charges* seraient imposées aux expéditeurs par le fait du *bâchage* et de ses conséquences, des marchandises craignant les intempéries.

« Nous voulons croire à une erreur, à un aveuglement momentané, à quelque faiblesse ou quelque négligence peut-être comme celles dont parlait encore votre prédécesseur, M. Gauthier, à la tribune du Sénat (voir plus haut, p. 4) ; nous espérons que, mieux renseigné, vous voudrez bien, au lieu de combattre la proposition Delahaye et de faire ainsi le jeu des Compagnies, apporter à la réalisation de nos vœux votre puissant appui.

« Que si, malgré tout, les conseillers qui vous entourent étaient assez habiles pour mettre en échec votre perspicacité et votre clairvoyance bien connues, vous voudrez au moins rester neutre au milieu de la lutte, éviter de vous enrôler sous la bannière des Compagnies, transmettre enfin au Parlement les vœux que nous déposons entre vos mains, avec plus d'insistance et plus d'énergie que jamais, en faveur de la proposition de loi déposée par M. le sénateur Dominique Delahaye. »

AVIS IMPORTANT

Dans l'intérêt de notre campagne en faveur du Commerce et de l'Industrie, nous prions instamment messieurs les Présidents des corps commerciaux et industriels de vouloir bien nous faire adresser une copie de la délibération prise par leur groupement au sujet de la question traitée ci-dessus.

Poitiers. — Impr. BLAIS et ROY, 7, rue Victor-Hugo, 7.

LIVRE D'OR DE LA LIGUE DE DÉFENSE

HOMMAGES ET FÉLICITATIONS

I. — AU SÉNAT

Au cours de la discussion de la proposition RABIER sur la responsabilité des transporteurs pour pertes et avaries

Séance du [illegible] décembre 1904

M. Richard Waddington. [illegible]

M. Dominique Delahaye. [illegible]

M. Richard Waddington. [illegible] les grandes Compagnies.

Séance du 23 décembre 1904 (Suite)

M. Dominique Delahaye. [illegible] des Compagnies.

M. Richard Waddington. Voici ce que disait **M. Lamy** en 1903 : [illegible] la responsabilité des Compagnies [illegible]

(*Journal officiel du 24 décembre 1904, page [illegible]*)

II. — DANS LES CORPS COMMERCIAUX

[illegible] Office de transports, sous le contrôle des Chambres de commerce [illegible] de **M. L. Lamy**.

[illegible]

Réunion des Présidents des Chambres de commerce du [illegible] 1898

M. le Président. — [illegible] **Commerce.** [illegible]

[illegible] **M. Lamy** [illegible]

[illegible] aux **Compagnies des progrès** [illegible]

[illegible] **Commerce Française** [illegible] Genève, [illegible] juillet 1906.

[illegible] de défense contre les chemins de fer, Paris.

[illegible]

M. le Président [illegible] **M. Lamy** [illegible]

(Voir, en outre, dans le corps de la présente brochure p. 17 et 18)

III. — DANS LES TRIBUNAUX

Jugement du tribunal de commerce de [illegible]

[illegible] **M. Lamy** [illegible]

Jugement du tribunal de commerce de Quimper du 4 Septembre 19[illegible]

Le Tribunal,

[illegible] **M. Lamy** [illegible]

[illegible] **LAMY** [illegible]

MANUEL PRATIQUE DES TRANSPORTS

(7e édition, de 1909)

Ouvrage de 437 pages in-8° broché

HONORÉ D'UNE SOUSCRIPTION DU MINISTÈRE DES TRAVAUX PUBLICS, DES POSTES ET DES TÉLÉGRAPHES

Par L. LAMY ✱ A.

DIRECTEUR DU BULLETIN DES TRANSPORTS ET DE LA LIGUE DE DÉFENSE CONTRE LES CHEMINS DE FER

OPINIONS DE LA PRESSE SUR CET OUVRAGE

Du « Bulletin des Transports Internationaux »

(Sur la 3e édition),

« Appelé depuis de longues années à soutenir les intérêts de nombreux clients du monde commercial et industriel et comme directeur du *Bulletin des Transports*, journal technique bien connu, l'auteur a eu l'occasion d'acquérir une expérience qui, **grâce aussi à ses connaissances du droit**, le qualifie pour la publication d'un tel ouvrage » *(Numéro de juin 1901.)*

Du Journal « La Loi »

(Sur la 5e édition),

..... Le *Manuel* de M. L. Lamy n'est pas seulement dans de bonnes proportions, aussi éloigné des traités trop savants que des *vade-mecum*. Il est surtout écrit par un spécialiste, qui a consacré sa vie à une sorte de combat, qui lutte ardemment contre les grandes Compagnies, mais **qui n'en sait pas moins conserver tout son sang-froid** quand se présente une question de droit ou qu'il doit examiner les données de la jurisprudence ,. *(Numéro du 14 février 1906.)*

Du « Bulletin des Transports Internationaux »

..... M. Lamy est bien connu par **son énergie et son habileté à** faire valoir les droits des expéditeurs et des destinataires contre les Compagnies de chemins de fer. Il apporte dans la défense des intérêts dont il s'est fait le champion une ardeur peut-être un peu agressive, mais dont on ne saurait nier l'**efficacité en maintes circonstances**. Lui et la Ligue qu'il dirige ont combattu au premier rang en faveur de la loi Rabier, etc... *(Numéro de février 1906, pages 73 et 74.)*

De la « Gazette Judiciaire et Commerciale de Lyon »

(Sur la 6e édition).

.... A ce titre nous recommandons à nos lecteurs le *Manuel pratique des transports par Chemins de fer, voyageurs, marchandises, colis postaux*, par M. L. Lamy. L'ouvrage peut s'autoriser de la notoriété que son auteur s'est acquise dans ces questions par un travail persévérant. Depuis plus de vingt ans, le directeur du *Bulletin des Transports* et de la *Ligue de défense contre les Chemins de fer* a mis son expérience au service des commerçants et du public. Quelques-uns ont pu penser qu'il apportait, dans ses revendications, *un zèle ardent pour la cause de ses clients*, tous ont constaté qu'il connaissait *les détails les plus compliqués de ce sujet difficile*. Dans une discussion technique **devant le Sénat**, le 28 décembre 1904, deux des membres de la haute assemblée ont invoqué l'autorité de ce spécialiste.

. .... Cet ouvrage a une **haute valeur personnelle** ; il suffit, pour s'en convaincre, de consulter trois études qui constituent des **articles remarquables par la vigueur de leur discussion et** intéressants par leurs conclusions qui détruisent *des préjugés* que le public a souvent acceptés avec trop de résignation. Nous voulons désigner : 1° la responsabilité des Compagnies en *matière de bâchage*, depuis la loi du 17 mars 1905 *(Manuel*, p. 62 à 78) ; 2° *les colis postaux*, de leur réglementation et des réclamations que les intéressés ont le droit de formuler, en dépit de l'opinion contraire généralement répandue (p. 304 à 340) ; 3° enfin, un commentaire très complet de la *Convention de Berne*, du 11 octobre 1898, qui forme actuellement le Code des transports internationaux. *(Numéro du 11 janvier 1908.)*

Du « Bulletin des Transports Internationaux »

(Sur la 6e édition).

La rapidité avec laquelle se succèdent les éditions de cet ouvrage est la meilleure preuve qu'il répond à un véritable besoin. Il faut reconnaître aussi que chaque édition nouvelle constitue un progrès sur la précédente. Celle-ci contient plus de cent pages de plus que celle de 1905 et traite à fond deux questions qui avaient été seulement effleurées précédemment, la responsabilité des chemins de fer pour les *retards des colis postaux* et le *bâchage des wagons*.

En ce qui concerne le premier point l'auteur s'attache à démontrer qu'aucune loi spéciale ni aucune convention **n'interdit actuellement** l'allocation d'indemnités pour le **retard** des colis postaux, et qu'il y a lieu de faire à cet égard simplement application des principes du droit commun...

Quant à la question du bâchage des wagons découverts, elle a pris un intérêt particulier depuis que la loi du 17 mars 1905 a déclaré nulles de plein droit les clauses de non-garantie insérées dans les tarifs spéciaux. Depuis cette loi, dit M. Lamy, il y a présomption de responsabilité contre le transporteur en cas d'avarie de la marchandise, même si le bâchage doit être effectué par l'expéditeur, d'après le tarif appliqué ; le transporteur ne peut s'exonérer de cette responsabilité qu'en prouvant le *vice propre* ou *la force majeure* ; il répond des bâches fournies par lui, même gracieusement, comme de la non étanchéité de la toiture des wagons couverts. **De nombreux jugements, de date récente,** ont été rendus dans ce sens.

Les difficultés relatives à la demande et à la fourniture des wagons vides, qui ont donné lieu à de graves procès dans ces derniers temps, ont aussi été exposées avec de grands détails, dans le même esprit **de défense des intérêts du public et de lutte contre les administrations de chemins de fer**. D'une façon générale, on peut dire que le *Manuel pratique* contient un véritable arsenal d'arguments à l'usage des personnes qui ont des litiges avec les chemins de fer. *(Numéro de janvier 1908, pp. 32 et 33.)*

Prix de l'ouvrage 6 francs, port compris

Adresser les demandes, avec mandat-poste, à l'auteur, 8, rue Jacquemont, Paris

Poitiers. — Imp. Blais et Roy.